AQUARELLES

ET

DESSINS

PAR

ARCOS, G. DUBUFE, H. GERVEX, JEANNIOT
L. MAROLD, MARCHETTI

EXPOSITIONS

PARTICULIÈRE :

Le Dimanche 10 Décembre 1899

PUBLIQUE :

Le Lundi 11 Décembre 1899

DE 1 HEURE A 5 HEURES 1/2

AQUARELLES & DESSINS

ORIGINAUX

PARIS — IMPRIMERIE GEORGES PETIT

12, RUE GODOT-DE-MAUROI, 12

CATALOGUE

DES

AQUARELLES & DESSINS

ORIGINAUX

PAR

ARCOS, G. DUBUFE, H. GERVEX, JEANNIOT
L. MAROLD & MARCHETTI

Ayant servi à l'illustration

DE

La Fille aux yeux d'or, de Balzac
Julia de Trécœur, d'Octave Feuillet ; *Ilka*, d'Alex. Dumas fils
Des *Poésies militaires* de Déroulède
Du *Théâtre en vers* d'Émile Augier et du *Théâtre choisi*
de Labiche
Ouvrages édités par la Maison Calmann Lévy

DONT LA VENTE AURA LIEU

HOTEL DROUOT, Salle N° 10

Le Mardi 12 Décembre 1899

A DEUX HEURES

<table>
<tr><td>COMMISSAIRE-PRISEUR</td><td>EXPERT</td></tr>
<tr><td>Me LÉON TUAL</td><td>M. GEORGES PETIT</td></tr>
<tr><td>56, rue de la Victoire</td><td>12, rue Godot-de-Mauroi</td></tr>
</table>

EXPOSITIONS

<table>
<tr><td>PARTICULIÈRE</td><td>PUBLIQUE</td></tr>
<tr><td>Le Dimanche 10 Décembre</td><td>Le Lundi 11 Décembre</td></tr>
</table>

De 1 heure 1/2 à 5 heures 1/2

CONDITIONS DE LA VENTE

Elle sera faite au comptant.

Les acquéreurs paieront **5** °/₀ en sus des enchères.

L'acquisition des dessins, aquarelles et peintures ne confère pas à l'acheteur les droits de reproduction qui sont réservés.

Nota. — Les amateurs pourront voir les aquarelles et dessins mis en vente chez M. Georges Petit, expert, 12, rue Godot-de-Mauroi, les 8 et 9 décembre, de 10 heures à 5 heures.

S. ARCOS

Illustrations du « Théatre choisi »

D'Eug. Labiche.

DESSINS A LA PLUME

Tous les dessins d'une même pièce de théâtre
seront vendus ensemble.

— No 1 —

La Grammaire.

Cinq hors-texte.

Sept dessins dans le texte.

En-tête et cul-de-lampe.

— No 2 —

L'Affaire de la rue de Lourcine.

Huit hors-texte.

Quatorze dessins dans le texte.

En-tête et cul-de-lampe.

— N⁰ 3 —

La Cigale chez les Fourmis.

Quatre hors-texte.

Six illustrations dans le texte.

En-tête et cul-de-lampe.

— N⁰ 4 —

Les deux Timides.

Six hors-texte.

Huit illustrations dans le texte.

En-tête et cul-de-lampe.

— N⁰ 5 —

La Poudre aux yeux.

Sept hors-texte.

Dix illustrations dans le texte.

En-tête et cul-de-lampe.

Nº 6 —

Embrassons-nous, Folleville.

Quatre hors-texte.

Six illustrations dans le texte.

En-tête et cul-de-lampe.

— Nº 7 —

Accessoires.

Couverture.

Frontispice : Labiche entouré de ses personnages.

Dédicace : En-tête et cul-de-lampe.

Préface : En-tête et cul-de-lampe.

Guillaume DUBUFE

Illustrations du « Théatre en vers » d'Émile Augier.

AQUARELLES

Toutes les aquarelles d'une même pièce de théâtre
seront vendues ensemble.

— N° 8 —

L'Aventurière.

Titre : L'Aventurière.

Dédicace : Panoplie.

Liste des personnages : Arabesques.

Hors-texte : Mme Baretta (rôle de Célie).

Hors-texte : Mme Plessis (rôle de Clorinde).

Quatre en-tête, dont deux avec autographe.

Quatre culs-de-lampe.

— Nº 9 —

Gabrielle.

Titre : Gabrielle.

Dédicace : Attributs de peinture.

Liste des personnages : Éventail, arabesques.

Hors-texte : Mlle Nathalie (rôle de Gabrielle).

Hors-texte : Regnier (rôle de Julien).

Hors-texte : Sanson (rôle de Tamponet).

Cinq en-tête, dont un en double avec autographe.

Cinq culs-de-lampe.

— Nº 10 —

La Ciguë.

Titre : La Ciguë.

Dédicace: Tête de bouc et masque tragique.

Liste des personnages : Masque de faune.

Hors-texte : Got dans le rôle de Clinias.

Deux en-tête.

Deux culs-de-lampe, dont un en double.

— No 11 —

Un Homme de bien.

Titre : L'homme de bien et sa fille.

Dédicace : Amour tenant un écusson.

Liste des personnages : Pièce de cent sous.

Hors-texte : Mlle M. Brohan dans le rôle de
Rose.

Trois en-tête.

Trois culs-de-lampe, dont un en double.

— No 12 —

Sapho.

Titre : Sapho.

Dédicace : La Muse de Gounod.

Liste des personnages : Une lyre.

Hors-texte : Mme Krauss dans le rôle de Sapho.

Cinq en-tête, dont un avec autographe.

Cinq culs-de-lampe.

— N° 13 —

Le Joueur de Flûte.

Titre : Le Joueur de flûte.

Dédicace : Génie ailé devant un tombeau.

Liste des personnages : Attributs de pâtre.

Hors-texte: Mlle M. Brohan dans le rôle de Laïs.

Un en-tête.

Un cul-de-lampe.

Henri GERVEX

ILLUSTRATIONS

DE « LA FILLE AUX YEUX D'OR »

D'Honoré de Balzac.

AQUARELLES

14 — Le Pont Marie (En-tête de l'ouvrage).

> Haut., 3o cent.; larg., 43 cent.

15 — Un Débauché.

> Haut., 38 cent.; larg., 38 cent.

16 — Type de jeune bourgeoise.

> Haut., 44 cent.; larg., 22 cent.

17 — Portrait de Paquita.

> Haut., 44 cent.; larg., 29 cent.

18 — La Marquise de San Real.

> Haut., 44 cent.; larg., 3o cent.

19 — Doña Concha.

Haut., 20 cent.; larg., 16 cent.

20 — Lord Dudley.

Haut., 33 cent.; larg., 16 cent.

21 — De Marsay.

Haut., 41 cent.; larg., 16 cent.

22 — De Manerville.

Haut., 50 cent.; larg., 25 cent.

23 — Cristomio.

Haut., 14 cent.; larg., 9 cent.

24 — Première rencontre aux Tuileries.

Haut., 14 cent.; larg., 9 cent.

25 — Dernière rencontre aux Tuileries.

Haut., 12 cent.; larg., 6 cent.

26 — Doña Concha devant son feu.

Haut., 36 cent.; larg., 27 cent.

27 — Paquita sur une causeuse.

Haut., 17 cent.; larg., 17 cent.

28 — Paquita comptant sur ses doigts.

Haut., 31 cent.; larg., 22 cent.

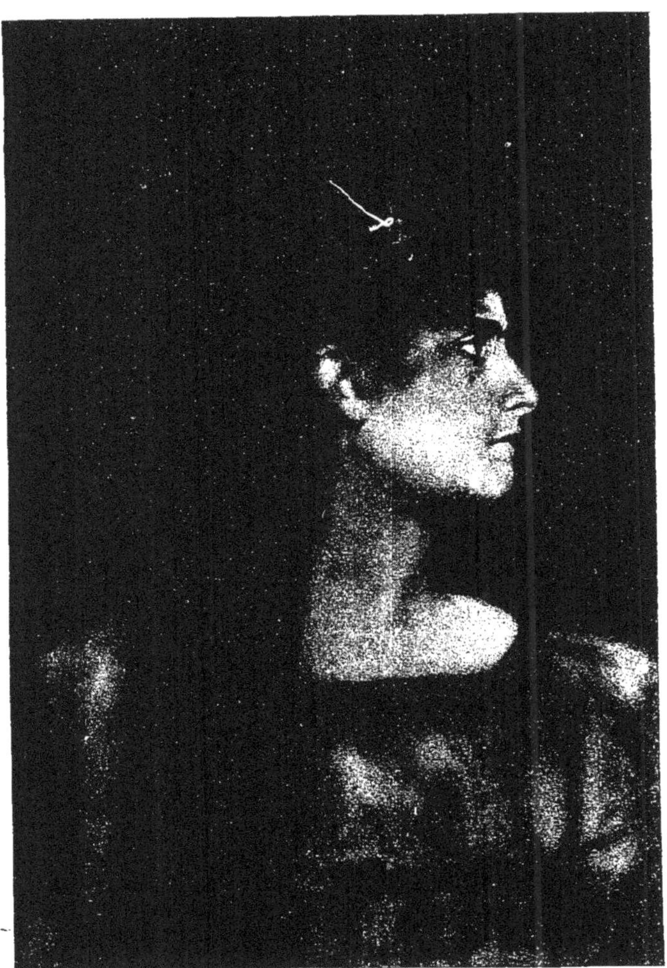

H. Gervex — N° 15.

29 — Paquita et de Marsay chez Doña Concha.

Haut., 11 cent.: larg., 13 cent.

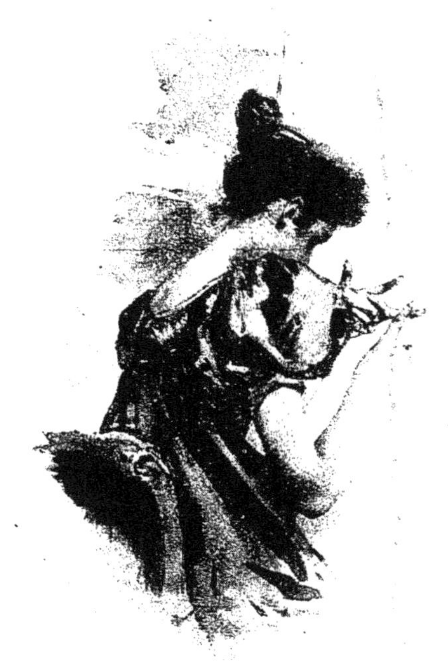

H. Gervex. — N° 28.

30 — De Marsay et de Manerville à la prome-
nade.

Haut., 18 cent.; larg., 13 cent.

31 - - De Marsay chez de Manerville.

Haut., 21 cent.; larg., 28 cent.

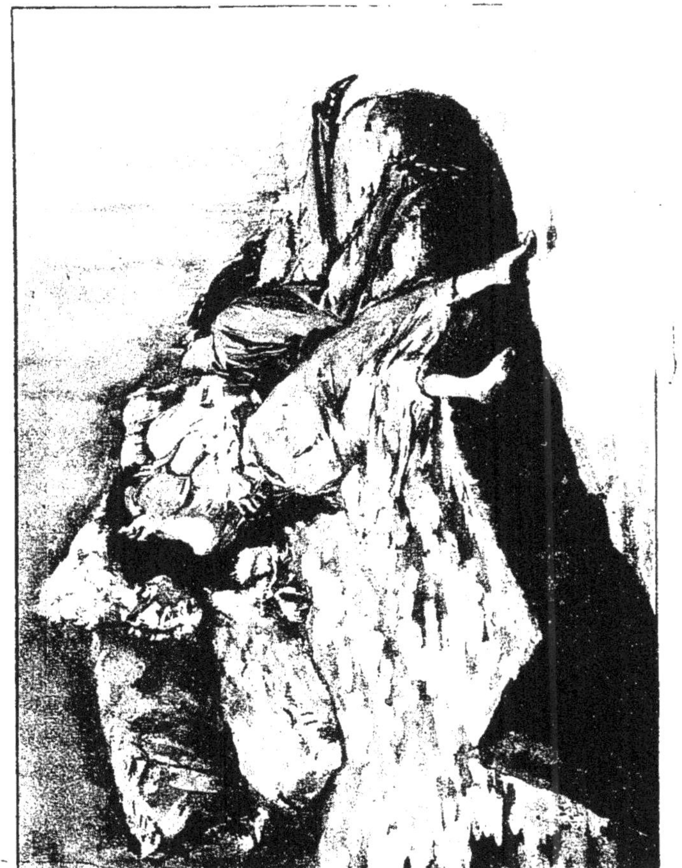

H. Gervex. — N° 38.

32 — Le Facteur et le Domestique déguisé.

Haut., 14 cent.: larg., 24 cent.

33 — De Marsay écrivant.

Haut., 34 cent.: larg., 23 cent.

34 — De Marsay à sa toilette, avec son domestique.

Haut., 34 cent.: larg., 29 cent.

35 — De Marsay, les yeux bandés, chez Paquita.

Haut., 29 cent.: larg., 19 cent.

36 — De Marsay à la table de jeu.

Haut., 21 cent.: larg., 27 cent.

37 — Cristomio et ses acolytes chez de Marsay.

Haut., 30 cent.: larg., 21 cent.

38 — L'Enlacement.

Haut., 30 cent.: larg., 10 cent.

39 — Paquita ouvrant les rideaux de sa fenêtre.

Haut., 27 cent.: larg., 12 cent.

40 — De Marsay quittant l'hôtel de Paquita.

Haut., 32 cent.: larg., 22 cent.

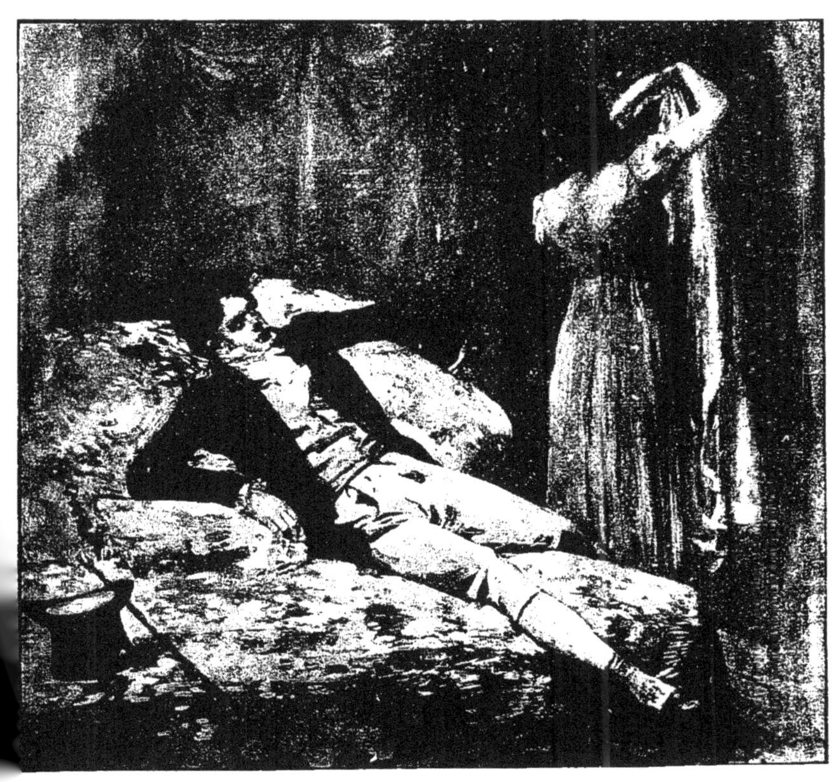

H. Gervex. — Nº 15.

41   Paquita aux pieds de de Marsay furieux.

Haut., 31 cent.; larg., 25 cent.

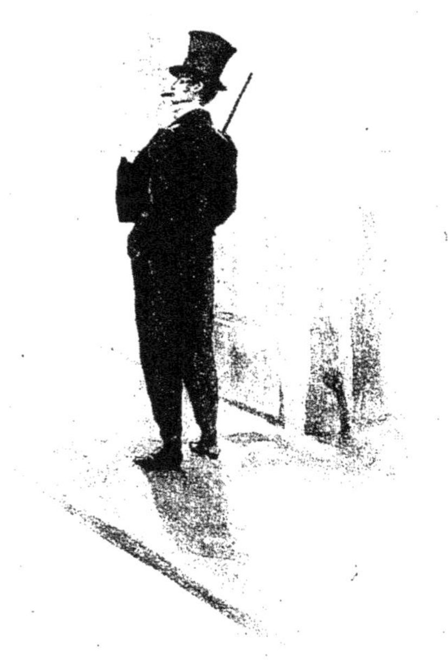

H. Gervex. — N° 40.

42   - De Marsay terrassé par Cristomio.

Haut., 27 cent.; larg., 33 cent.

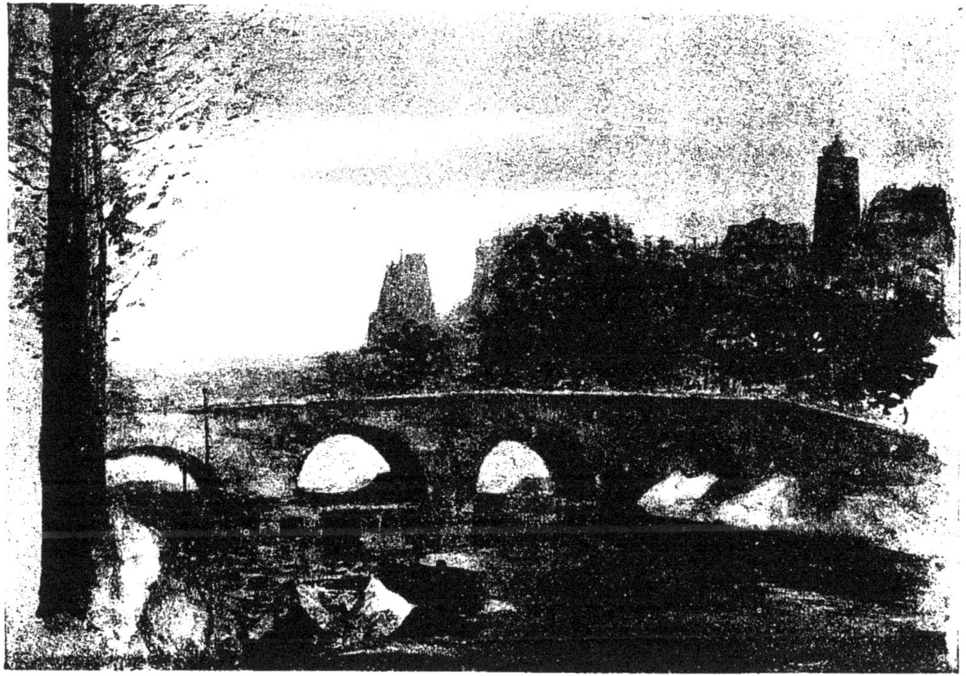

H. Gervex. — Nº 14.

43 — Adieux de Paquita à de Marsay.

Haut., 31 cent.; larg., 10 cent.

44 — Paquita assassinée par la marquise de San Real.

Haut., 42 cent.; larg.; 25 cent.

45 — Buste de Balzac (Cul-de-lampe de l'ouvrage).

Haut., 44 cent.; larg., 29 cent.

JEANNIOT

ILLUSTRATIONS DES « POÉSIES MILITAIRES »

DE DÉROULÈDE.

AQUARELLES

46 — Un Soldat.

> Haut., 25 cent. : larg., 16 cent .

47 — Vedette.

> Haut., 26 cent. ; larg., 16 cent.

48 — Le bon gîte.

> Haut., 21 cent. : larg., 18 cent.

49 — Testament.

> Haut., 21 cent. : larg., 18 cent.

50 — Statue de Strasbourg.

> Haut., 23 cent. ; larg., 15 cent.

51 — Tué à l'ennemi.

> Haut., 21 cent. : larg., 17 cent.

ENCRE DE CHINE

52 — Le Colloque.

>Haut., 24 cent. ; larg., 18 cent.

53 — Vœux suprêmes.

>Haut., 24 cent. ; larg., 18 cent.

54 — Les Pacifiques.

>Haut., 26 cent. ; larg., 18 cent.

55 — Chanson.

>Haut., 24 cent. ; larg., 16 cent.

56 – Les Allemands joyeux.

>Haut., 29 cent. ; larg., 18 cent.

57 — Chant de guerre.

>Haut., 17 cent. ; larg. 16 cent.

58 — Jacques Bonhomme.

>Haut., 20 cent. ; larg., 10 cent.

59 — Le Porte-Drapeau.

>Haut., 24 cent. ; larg., 15 cent.

60 — Vive la France !

>Haut., 20 cent. ; larg., 15 cent.

61 — Chanson de marche.

Haut., 15 cent. ; larg., 9 cent.

62 — Hymne français, les Champs.

Haut., 16 cent.; larg., 10 cent.

63 — Bazeilles, place de l'église.

Haut., 22 cent. ; larg., 11 cent.

Dans un même cadre :

64 — Le Clairon.

Haut., 20 cent. ; 12 cent.

65 — Le Vieux.

Haut., 20 cent. ; larg., 12 cent.

66 — La Retraite.

Haut., 20 cent. ; larg., 12 cent.

67 — Au Feu.

Haut., 20 cent.; larg., 12 cent.

Sur une même feuille :

68-69 — La Diane. — Chasseur.

Haut., 27 cent. ; larg., 16 cent.

70-71 — En Avant. — Bonne chance.

Haut., 24 cent.; larg., 16 cent.

72-73 — La Cocarde. — Belle fille.

Haut., 27 cent. ; larg., 15 cent.

74-75 — Le Turco. — L'Arrière-garde.

Haut., 23 cent. ; larg., 14 cent.

DESSINS A LA PLUME

76 — Trente culs-de-lampe sur cinq feuillets.

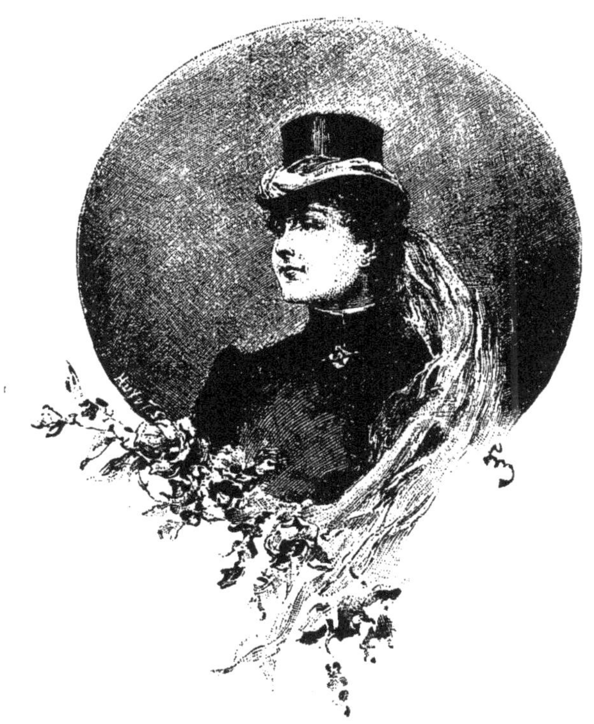

Marchetti. — Nᵒ 77.

MARCHETTI

ILLUSTRATIONS DE « JULIA DE TRÉCŒUR »
D'Octave Feuillet.

ENCRE DE CHINE
LÉGÈREMENT REHAUSSÉE DE COULEUR

77 — Portrait de Julia en amazone.

Haut., 15 cent. ; larg., 12 cent.

78 — Mme de Trécœur.

Haut., 9 cent. ; larg., 9 cent.

79 — Mme de Trécœur et sa mère.

Haut., 14 cent. ; larg., 13 cent.

80 — Mme de Trécœur et sa fille.

Haut., 20 cent. ; larg., 22 cent.

81 — Julia évanouie sur le sol.

Haut., 37 cent. ; larg., 23 cent.

82 — Julia au couvent.

Haut., 22 cent. ; larg., 16 cent.

83 — Julia à la fenêtre de son beau-père.

Haut., 25 cent. ; larg., 22 cent.

84 — Mari et beau-père.

Haut., 28 cent. ; larg., 23 cent.

85 — Le Retour.

Haut., 34 larg. ; larg., 23 cent.

86 — Au Bal.

Haut., 12 cent. ; larg., 13 cent.

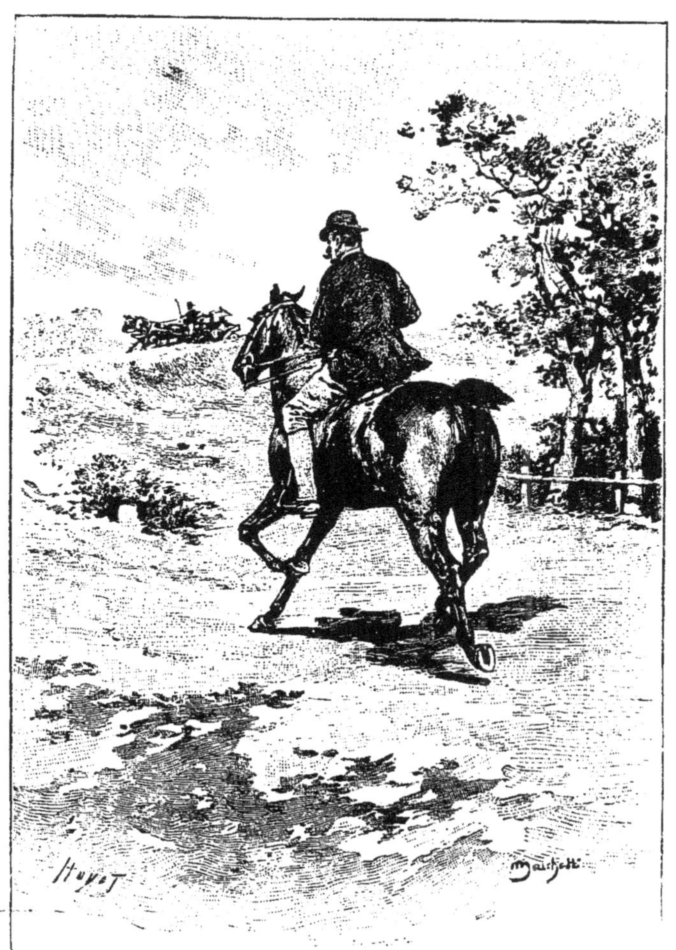

Marchetti. — N° 85.

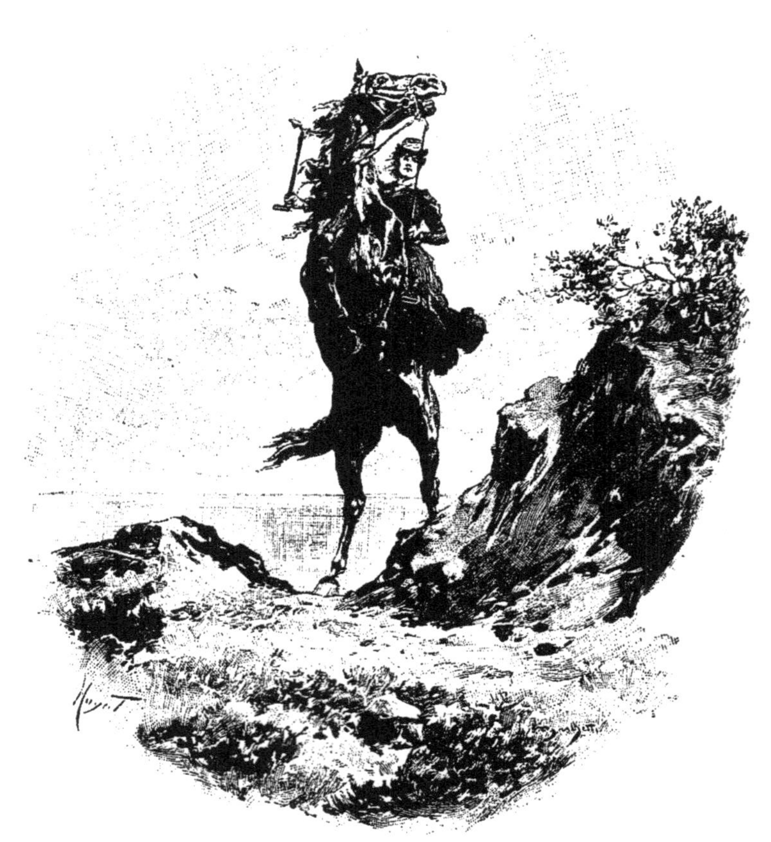

Marchetti. — Nº 87.

87 — Le Précipice.

Haut., 13 cent. : larg., 25 cent.

88 — Le Château.

Haut., 25 cent. : larg., 18 cent.

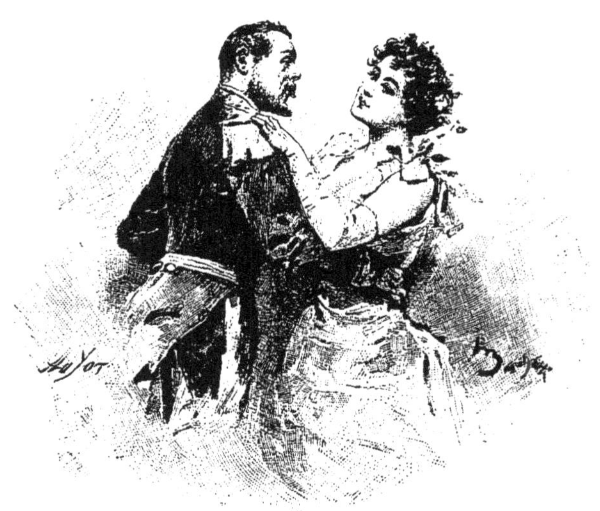

Marchetti. — N° 86.

L. MAROLD

ILLUSTRATIONS DE « ILKA »

D'Alexandre Dumas fils.

AQUARELLES

89 — Alexandre Dumas dans son cabinet de
travail.

Haut., 29 cent. : larg., 35 cent.

90 — Alexandre Dumas et l'inconnue.

Haut., 27 cent. : larg., 26 cent.

91 — Alexandre Dumas dans l'atelier du peintre.

Haut., 31 cent. : larg., 26 cent.

92 — Ilka se déshabillant.

Haut., 32 cent. : larg., 21 cent.

93 — Ilka posant.

Haut., 31 cent. : larg., 19 cent.

94 — Ilka jouant du violon.

Haut.. 28 cent. ; larg.. 16 cent.

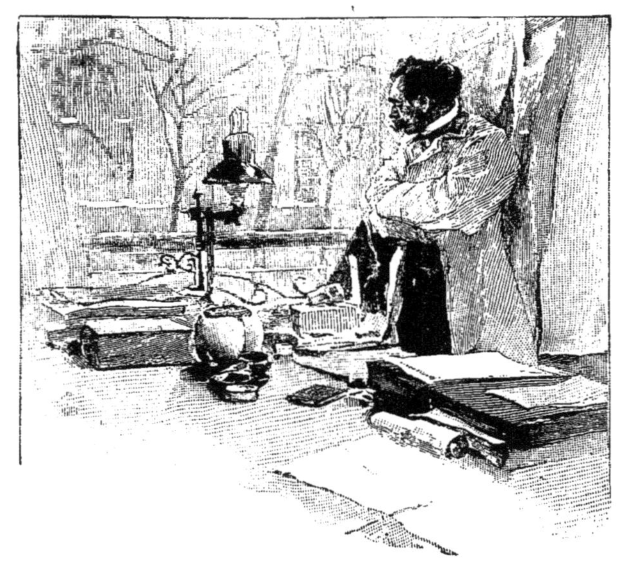

L. Marold. — N° 89.

95 — Ilka lisant, couchée sur un tapis.

Haut., 22 cent. ; larg., 32 cent.

96 — Le tableau de Diane.

Haut., 26 cent. ; larg., 20 cent.

97 — Ilka au balcon.

Haut., 18 cent. ; larg.. 13 cent.

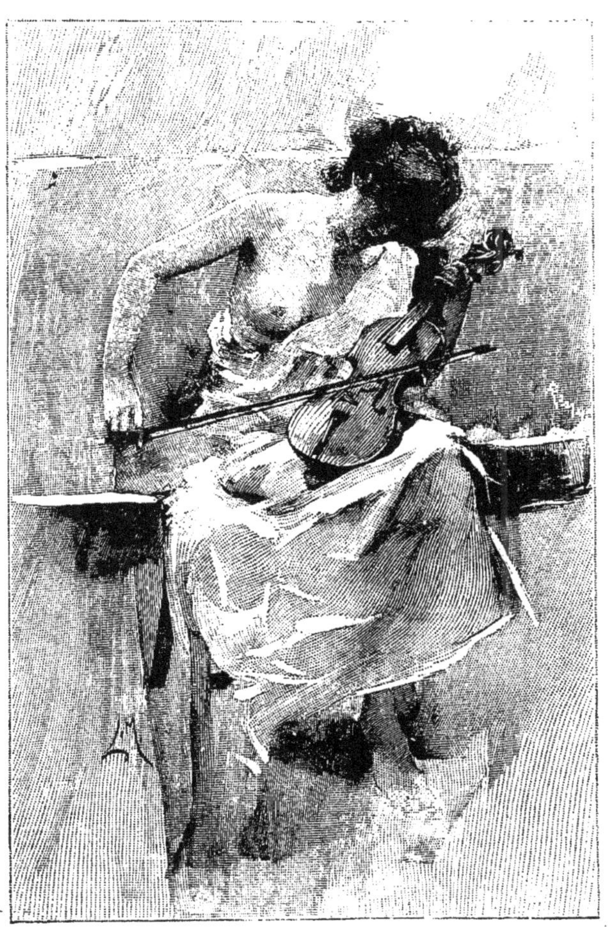

L. Marold. — Nº 94.

98 — Ilka arrivant chez le peintre.

Haut., 22 cent. ; larg., 13 cent.

99 — Coin d'atelier.

Haut., 17 cent. ; larg., 19 cent.

100 — Adrienne écrivant à Valentine.

Haut., 14 cent. ; larg., 14 cent.

101 — Adrienne entre Casimir et René.

Haut., 34 cent. ; larg., 21 cent.

102 — Pile et face d'un décime.

Haut., 7 cent. ; larg., 10 cent.

103 — Le coin du Commissionnaire.

Haut., 25 cent. ; larg., 18 cent.

104 — Le Commissionnaire.

Haut., 20 cent. ; larg., 11 cent.

105 — Songe d'une nuit d'été.

Haut., 35 cent. ; larg., 20 cent.

DESSINS BLANC ET NOIR

106 — Le Commissionnaire traînant sa voiture.

Haut., 27 cent.; larg., 19 cent.

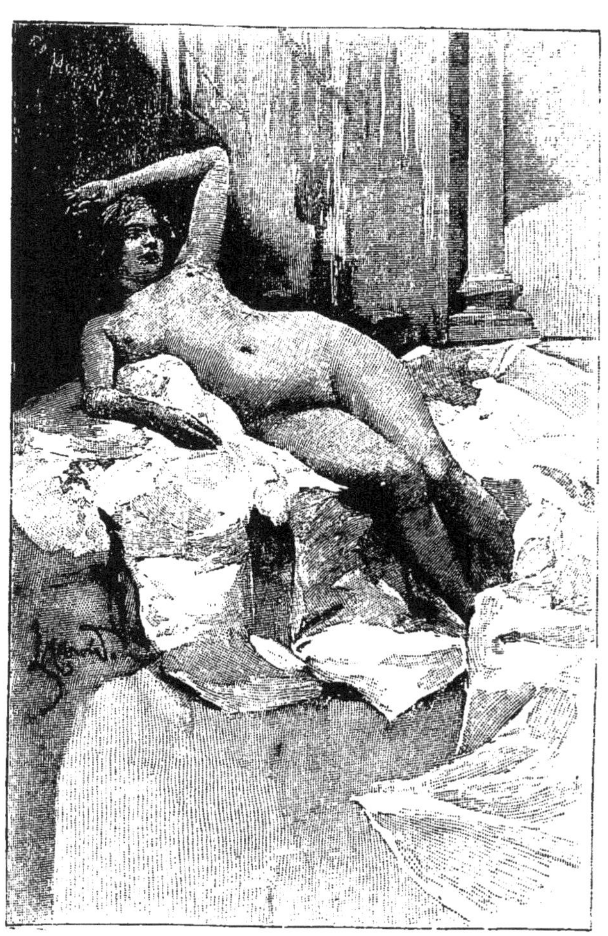

L Marold. — Nº 93.

107 — Le Saule au bord de l'eau.

Haut., 24 cent.; larg., 16 cent.

108 — La Barque à son garage.

Haut., 25 cent.; larg., 18 cent.

109 — La Femme de journée.

Haut., 25 cent.; larg., 13 cent.

110 — Le Cimetière.

Haut., 21 cent.; larg., 16 cent.

ILLUSTRATIONS DE « PETIT BLEU »
DE GYP.

111 — Petit Bleu à table (aquarelle).

Haut., 36 cent.; larg., 23 cent.

112 — Religieuse tenant Petit Bleu par la main (blanc et noir).

Haut., 33 cent.; larg., 20 cent.

113 — Religieuse à la recherche de Petit Bleu (blanc et noir).

Haut.. 29 cent.; larg., 15 cent.

114 — Petit Bleu couchée dans l'herbe (blanc et noir).

Haut., 32 cent.; larg., 21 cent.

115 — Petit Bleu dans le cabinet de son oncle
(blanc et noir).

Haut., 25 cent.; larg., 15 cent.

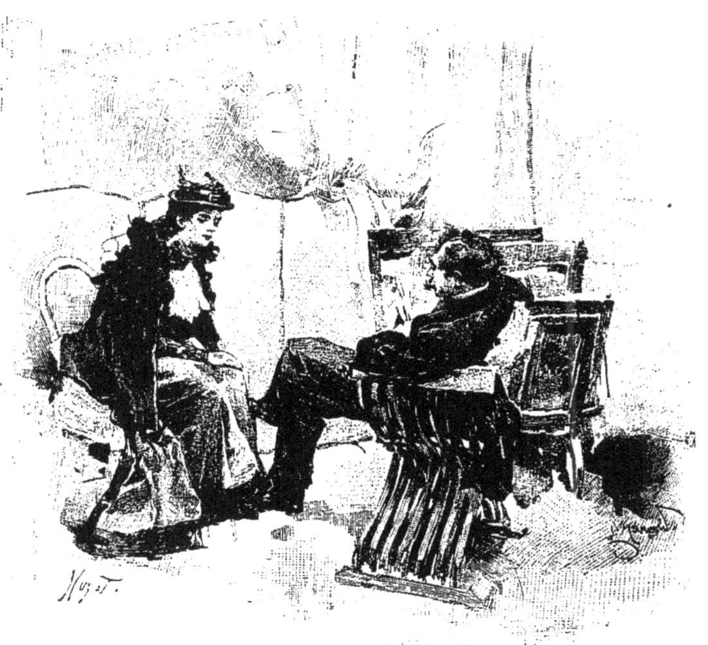

L. Maroid. — N° 90.

116 — Petit Bleu sur la rampe de l'escalier
(blanc et noir).

Haut., 30 cent.; larg., 14 cent.

117 — Petit Bleu dans l'omnibus (crayon
rehaussé de couleur).

Haut., 32 cent.; larg., 20 cent.

118 — Marquise de Laubourg (blanc et noir).

Haut., 21 cent.; larg., 9 cent.

119 — Monsieur le Curé (blanc et noir).

Haut., 16 cent.; larg., 5 cent.

120 — Petit Bleu sur son lit de mort (crayon
rehaussé).

Haut., 13 cent.; larg., 16 cent.

121 — Un Amour (plume rehaussée).

Haut., 13 cent.; larg., 17 cent.

122 — Un Cloitre (blanc et noir).

Haut., 23 cent.; larg., 25 cent.

Paris. — Imp. Georges Petit. — 8636-99.

9 782329 51